Copyright © 2018 de Lenn Vincent GmbH.
Tutti i diritti riservati. Questo libro o parte di esso non può essere riprodotto o utilizzato in alcun modo senza l'espressa autorizzazione scritta dell'editore. fatta eccezione per l'uso di brevi citazioni in una rivista libraria.

ISBN 978-3-907098-51-6

www.leonardoleopardo.it

E IL SUO PRIMO MONOPATTINO

Autore
MELANIE ROEMER

Illustrazioni di
JUN-PIERRE SHIOZAWA

È estate e Leo gioca fuori molto con Maya e i suoi amici.
"Vieni, andiamo a con il monopattino", suggerisce Freddy Volpe. "Hai uno monopattino?" Chiede a Leonardo.
"No, non ho un monopattino. Non ho nemmeno mai guidato un monopattino. È difficile?" chiede Leonardo.
"No, per niente". Freddy salta sul suo monopattino e corre via. Maya tocca Leonardo e mostra il suo monopattino, "Leonardo, se ti piace, puoi usare il mio monopattino". Leonardo è felice. "Ma prima di tutto, devi indossare il casco." Maya cede il suo casco a Leonardo.

All'inizio, guidare un monopattino non è così facile. Ma Leonardo non si arrende e dopo un sacco di pratica, inizia a guidare molto bene.

Leonardo e Maya si alternano con il monopattino e passano tutto il pomeriggio insieme ai loro amici. Leonardo ama molto guidare il monopattino. Non si stanca affatto.

"Mia mamma mi sta chiamando Leonardo, devo tornare a casa", dice Maya. "Riesci a darmi il casco"?

Leonardo, purtroppo, consegna il casco a Maya. Ma avrebbe preferito continuare per sempre.

Ora anche la mamma di Leo chiama: "Leonardo, per favore entra! E' ora di cenare".

Arrivato a casa Leonardo si lava le zampe e si siede a tavola. Insieme con mamma, papà, e Lilly, mangia la cena. Durante la cena, Leonardo pensa al monopattino. Si era divertito molto.

Lilly chiede, "Leonardo, perché sei così tranquillo?"

Leonardo mormora, "Sai Lilly tutti i bambini hanno un monopattino, e io no." Lilly risponde, "Puoi avere un monopattino per il tuo compleanno Leonardo."

"Ma manca ancora molto al mio compleanno," dice Leonardo triste pensieroso continuando a mangiare.

Dopo la cena, Lilly porta Leonardo a letto.
"Lilly, ho una buona idea," afferma Leonardo.
"Potrei prendere i miei soldi dal salvadanaio e comprare il mio monopattino."
Per molto tempo, Leonardo ha aiutato Lilly al lavoro nell'azienda di mamma e papà. Prende i soldini per il lavoro che fa e li conserva nel suo salvadanaio.
"E' un'ottima idea," Dice Lilly. " Dobbiamo solo vedere se hai abbastanza soldi nel tuo salvadanaio," Spiega Lilly. "Andiamo domani dopo la scuola al negozio e vediamo cosa costa un monopattino"?
"Oh, sì," Leonardo gioisce e si accovaccia nella sua coperta.

Il giorno dopo, Lilly prende a scuola il fratello Leonardo. Insieme partono sulla strada per il negozio di monopattini. Arrivati al negozio, Leonardo vede il suo monopattino da sogno nella vetrina del negozio. È verde ed ha delle strisce rosse nella parte davanti. "Lilly, questo è il mio monopattino preferito", dice Leo con entusiasmo.

"E' davvero bello, Leonardo, ma costa € 50,00. Sono un sacco di soldi. Vediamo se possiamo trovarne un altro", suggerisce Lilly e entrano nel negozio. "Leonardo, guarda. Questo è quasi lo stesso monopattino con un casco. Costa solo € 30,00. Questo è molto meno di quello in vetrina", spiega Lilly.

"Quanto tempo devo risparmiare per questo"? Leonardo chiede. "Andiamo a casa e poi vedremo quanto hai già nel tuo salvadanaio", suggerisce Lilly.

A casa, Leonardo corre in camera e prende il suo salvadanaio. Lo apre e capovolge il contenuto. Insieme, Leonardo e Lilly contano i soldi.
"Leonardo, finora hai già risparmiato € 20.00," dice Lilly. "Quanto tempo devo risparmiare ancora"? chiede Leonardo.
"Hai bisogno solo di € 10,00. Questo significa che devi aiutarmi altre 5 volte, visto che ricevi € 2,00 per ogni volta che mi aiuti ", spiega Lilly.
"Oh, manca ancora molto".
"Se vieni tre volte alla settimana, sarà più veloce".
"Oh sì, Lilly, lo farò".

Il giorno dopo la scuola, Leonardo va direttamente in azienda con suo padre. Siede nella sua piccola scrivania nell'ufficio di Lilly. E c'è già una nota.
Leonardo guarda la nota con attenzione. "Prima di tutto, innaffiare i fiori; poi, gettare le buste nella buca delle lettere...", più una serie di altri compiti.
"Lilly, non mi piace innaffiare i fiori," Leo si lamenta.

"Leonardo, al lavoro, a volte bisogna fare cose che non sono tanto divertenti", spiega Lilly. "OK," dice Leonardo un po' infastidito. Comincia a gettare le buste nelle buche delle lettere. Alla fine, torna alla sua scrivania e raccoglie il suo libro da colorare.

Lilly chiede: "Leonardo, hai completato tutti i tuoi compiti?"
"Oh," pensa Leonardo. Ha dimenticato di dare da bere alle piante e di fare gli altri compiti.
"Faccio domani. Voglio colorare ora! "
"pensa al tuo monopattino!" Ricorda Lilly al fratello. "se non completi I tuoi compiti, non riceverai € 2.00."
"Non voglio," Dice Leonardo arrabbiato.
I genitori di Leonardo e Lilly arrivano in ufficio per prenderli e tornare a casa.

Leonardo era di pessimo umore sulla strada di casa. Lentamente si rende conto che oggi non ha ottenuto il suo € 2,00 e non può risparmiare nulla. "Ora ci vorrà ancora più tempo per poter comprare il mio monopattino," Leonardo pensa tristemente.

Lilly si rivolge a Leonardo. "Guarda Leonardo. Se ti poni un obiettivo, come ad esempio l'acquisto del monopattino, devi cercare di seguirlo. Tenere botta fino al traguardo. In alcuni giorni questo potrebbe essere abbastanza faticoso, non è sempre divertente. Ma Leonardo, credo in te, tu puoi farlo!" Dice con fiducia Lilly. Leo ama sentire questo e ora è sicuro di potercela fare.

I giorni successivi passarono veloci. Leonardo lavora sodo e aiuta Lilly come promesso.
Una sera, Lilly chiede a suo fratello minore: "Leonardo, perché non contiamo insieme quanti soldini hai già risparmiato?"
"Oh sì"! Leonardo gioisce e corre a prendere il suo salvadanaio. Prima lo scuote e poi prova ad indovinare quanti sono. "Wow, sono molti," dice con occhi brillanti.
Contano rapidamente i soldi. "Leonardo, ce l'hai fatta. Hai risparmiato abbastanza per comprare il monopattino", dice orgogliosamente Lilly.
"Evviva..."! Leonardo felice corre avanti e indietro nella stanza.
Lilly lo chiama: "Leonardo, la tua resistenza ha pagato! Domani dopo la scuola andremo insieme per comprare il monopattino!"

Il giorno dopo, Lilly prende Leonardo da scuola. Come promesso, i due vanno al negozio di monopattini. Leonardo è molto eccitato e felice. Nel negozio Leonardo si precipita verso il suo nuovo monopattino. È così bello!
Insieme Lilly e Leo vanno alla cassa. "Vorrei acquistare questo monopattino con i miei soldini", dice Leonardo pieno di gioia e dà al cassiere i suoi soldi. "Hai risparmiato tutto

questo denaro da solo per il monopattino"? chiede il cassiere stupito. Leonardo sorride orgogliosamente e annuisce. "Spero ti divertirai molto con il tuo nuovo monopattino!" dice gentilmente il cassiere e consegna a Leonardo il suo monopattino.

A casa, indossa rapidamente il casco e corre fuori da Maya e gli altri bambini. "Guarda Maya, il mio monopattino. L'ho comprato con i miei soldi risparmiati." "Fantastico, Leo"! Maya gioisce. Maya e Leonardo corrono con i loro monopattini. Trascorsero tutto il pomeriggio insieme divertendosi.